AF247673

AURA-T-ON LA GUERRE?

Paris. — Soc. d'Imp. Paul Dupont, 41, rue J.-J.-Rousseau (Cl.) 75.6.87.

A. ROUYER

EX-CAPITAINE AU 3e TIRAILLEURS

R'AURA-T-ON
LA GUERRE ?

PARIS

DENTU ET Cie, ÉDITEURS

LIBRAIRES DE LA SOCIÉTÉ DES GENS DE LETTRES

PALAIS-ROYAL, 15-17-19, GALERIE D'ORLÉANS
ET 3, PLACE DE VALOIS

1887

(Tous droits réservés.)

AURA-T-ON LA GUERRE?

I

Aura-t-on la guerre?

A cette question, qui se pose et qui s'impose d'un bout de l'Europe à l'autre, nous répondrons hardiment :

Non! l'heure fatale n'est pas encore venue.

Nous allons énumérer dans cette brochure, faite d'après la méthode démonstrative, et mise à la portée de toutes les intelligences, les diverses raisons qui militent en faveur de la paix, ou du moins qui s'opposent à une guerre directe et immédiate entre la France et l'Allemagne, car c'est à cette éventualité seule que nous prétendons répondre.

II

Conflit franco-allemand. Situation politique et militaire des deux pays.

D'abord, il ne suffit pas qu'un gouvernement ou un peuple, ce qui, aujourd'hui, est tout différent, veuille résolument la guerre et qu'il se juge prêt à la faire; il faut encore qu'il la fasse naître, et que, devant des adversaires prévenus et rendus prudents par les leçons du passé, il s'épuise en provocations dangereuses, accumule ses torts et les rende de plus en plus manifestes; il faut enfin qu'il se décide à la déclarer lui-même, et que, jetant témérairement le gant à l'Europe, juge et partie intéressée, il accepte l'écrasante responsabilité de son défi, et joue son va-tout, au risque d'ébranler tous les trônes et de révolutionner tous les peuples.

On ne peut marcher impunément et longtemps d'excès en excès..., ce n'est pas dans l'ordre naturel des choses.

Le guet-apens de Pagny, cette violation préconçue et flagrante du droit international, faisant suite à tant d'autres provocations non moins avérées, a du moins servi à mettre en évidence les mœurs étranges de ce peuple sournois, en même temps que la duplicité et le cynisme de sa politique.

Il s'est caractérisé dans la personne de ce Rausch, toujours prêt à accepter et à accomplir n'importe quelle besogne, et qui s'est montré si nature, au point de vue allemand, qu'aucun de ses compatriotes n'a été surpris de son acte, et n'a, bien moins encore, songé à l'en blâmer.

L'Allemagne, dans un moment d'affolement, a déchiré de ses propres mains le masque trompeur dont elle se couvrait, et, récidiviste impénitente, elle a dû comparaître, mais cette fois à découvert, devant l'aréopage européen, qui, par la voix de la presse, a rendu contre elle, et à l'unanimité, un solennel arrêt de condamnation.

Elle a reçu là une flétrissure publique dont elle ne se relèvera jamais.

Le mot de *foi teutonne* restera dans l'histoire comme y est resté celui de *foi punique,* et l'histoire dit que la déchéance de Carthage a suivi de près sa déconsidération morale.

La France a eu le beau rôle dans cette affaire, qu'elle sache le conserver jusqu'à la dernière heure.

Elle a fait voir qu'elle connaît son adversaire, qu'elle sait de quoi il est capable, et elle a eu, en outre, la bonne fortune de le faire connaître à tous.

Qu'elle garde son avantage, qu'elle évite avec le même calme les nouveaux pièges qui lui seront tendus, et qu'elle n'aille pas, cédant à un moment d'indignation et de révolte certainement justifié, mais susceptible, sinon de déplacer, du moins d'atténuer les responsabilités existantes, s'exposer à perdre le bénéfice de ces longs mois d'épreuve. Qu'elle ait le sang-froid et le courage de patienter encore, afin de pouvoir choisir librement son heure et sa réponse; qu'elle méprise les injures de l'Allemand, comme l'homme sensé méprise celles d'un malfaiteur, sans cependant le perdre de l'œil, tout en se tenant prêt à l'arrêter s'il ose lever la main.

La correction de son attitude, son inaltérable confiance en elle-même, opposées à l'arrogance et à l'égarement de son adversaire, déplacent chaque jour en sa faveur les chances du conflit existant.

C'est que chacun sent que dans une lutte suprême entre deux puissances aussi formidablement armées que la France et l'Allemagne, le succès est assuré d'avance à celle qui serait manifestement provoquée et définitivement attaquée; elle verrait ses forces vives doublées par le fait seul des puissants éléments patriotiques

que le *struggle for life,* la force du droit, et les
sympathies des peuples mettraient immédiatement en action de son côté; ce seraient autant
de facteurs importants dont serait dépourvu son
adversaire.

Il n'y a pas de raisons politiques ou stratégiques, quelque puissantes qu'elles soient, ca-
pables de compenser de pareils désavantages.

Par ces temps de télégraphes optiques, de
voies stratégiques, d'engins nouveaux et incon-
nus, et surtout de ceintures de forts et de camps
retranchés, la prochaine guerre ne ressemblera
en rien aux guerres antérieures. C'est une nouvelle école à faire; c'est une nouvelle étude de la
balistique; c'est, en un mot, un véritable saut
dans l'inconnu, où toute la tactique, les notions
et les prévisions militaires peuvent se trouver
renversées.

Tout l'avantage semble être pour l'assailli.
Qu'on n'oublie pas que les deux pays sont, mili-
tairement parlant, également fermés, et que la
France se trouve même, sous ce rapport, dans
des conditions défensives reconnues supérieures
à celles de son adversaire.

L'avantage momentané qu'une brusque attaque
et un déploiement de forces plus rapide ou plus

intelligent donneraient à l'adversaire, n'aurait aucune influence sérieuse sur l'issue de la guerre, et ne pourrait être mis en parallèle avec l'infériorité morale, que l'idée, attachée à son acte de brigandage international, lui ferait éprouver durant tout le cours de la campagne.

Au point de vue matériel et militaire, il n'en tirerait d'autre profit que de camper le premier en pays ennemi, mais ce serait sur un sol relativement miné et sur un espace si restreint, si hérissé d'obstacles et de dangers, que n'ayant eu ni le temps ni la possibilité de déployer tous ses moyens tactiques, il prêterait forcément le flanc aux coups de l'adversaire, et verrait son initiative promptement paralysée.

Le nouveau système de défense, non encore éprouvé, mais établi sur des bases techniques et d'ensemble, en rendant, quoi qu'on dise, toujours faciles et possibles, la mobilisation et la concentration des forces de l'assailli, change complètement les conditions antérieures de la guerre, et tout mouvement précipité ou insuffisamment préparé de la part de l'assaillant peut avoir pour celui-ci les conséquences les plus désastreuses.

Ce ne sont pas là de simples considérations morales, qui n'ont jamais, que nous sachions,

tenu grande place dans les passions des peuples
ni dans l'esprit des gouvernants ; ce sont, avant
tout, des considérations politiques et stratégiques,
qu'il était indispensable de mettre tout d'abord
en évidence, pour pouvoir en apprécier froidement et sainement les conséquences directes et
immédiates, et parce qu'aussi elles répondent à
des préoccupations exagérées et à des lieux communs généralement répandus.

Qu'on se rassure donc en fait de surprise,
sans cependant cesser d'être vigilants.

Une surprise peut avoir des conséquences
sérieuses sur le résultat d'une bataille et sur le
sort même d'une campagne commencée ; mais
une surprise, c'est-à-dire une manœuvre habile
ou même déloyale, ne peut jamais avoir lieu
qu'avec un nombre d'hommes relativement restreint. Ce n'est pas ici le cas.

En face des forces considérables qui seraient
mises en action de part et d'autre, des canons,
fourgons, convois et *impedimenta* de toutes sortes
qu'exige une armée, et sans laquelle elle n'est
rien ; en face aussi des moyens de défense exis-
tants et des éventualités prévues, ce danger n'est
pas sérieux. Il se bornerait, tout au plus, à un
Reid, ou razzia à l'européenne, périlleux pour

celui qui l'exécuterait, et dont l'effet serait à peu près nul au point de vue militaire.

III

La Russie.

A côté de ces diverses raisons et à leur appui, il en est une autre d'un ordre différent et plus décisif encore.

C'est le rôle que peut et doit remplir la Russie. On peut dire, sans exagérer sa puissance, qu'elle tient dans sa main la solution de ce problème international.

Avant de voir si l'Allemagne ou la France désirent réellement la guerre, ou si l'une d'elles, au moins, a intérêt, ou croit avoir intérêt à la faire, examinons d'abord la situation et le plan de la Russie, qui est appelée, par la force des choses, c'est-à-dire de ses intérêts vitaux, à être l'arbitre écouté entre les deux peuples.

Personne ne contestera qu'elle peut, en appuyant l'une ou l'autre puissance, déchaîner la guerre, si cela lui convient; nous allons démontrer que, dans le cas où cette guerre éclaterait malgré elle, elle seule aussi pourrait l'arrêter quand elle le voudrait, à la condition d'agir à temps et avec résolution.

C'est de la Russie, quoi qu'il arrive, que dépend la paix de l'Europe, ou pour le moins l'étendue du résultat de la prochaine guerre franco-allemande.

C'est donc plus particulièrement de son côté que doivent se tendre nos oreilles et se tourner nos regards.

A cette nouvelle question :

La Russie désire-t-elle que la guerre éclate entre la France et l'Allemagne ?

Nous répondons : Non ! la Russie ne désire pas cette guerre, car elle ne pourrait qu'y perdre pour le moment, quel qu'en soit le résultat.

Aujourd'hui sa situation est prépondérante en Europe ; elle tient l'Allemagne en respect entre son épée et l'épée de la France, sans avoir à courir de risques personnels, sachant bien qu'elle pourrait compter sur le secours de cette dernière, dans cas où elle serait elle-même résolument engagée dans une guerre contre sa dangereuse voisine.

Elle a, par ce fait, l'avantage de la position sur toutes les autres puissances de l'Europe, et elle tire de cette situation tout le bénéfice matériel et moral qu'elle peut désirer.

C'est grâce à cette pseudo-alliance, qui n'est pas
sortie de sa phase morale, et qui n'en sortira
peut-être jamais, mais qu'elle agite avec discerne-
ment, et qu'elle tient, comme une menace sus-
pendue sur la tête de l'Allemagne, qu'elle a pu
passer outre au traité de Berlin, humilier l'Angleterre et porter un coup droit au Grand Chancelier,
en renvoyant de Bulgarie un prince allemand qui
la gênait, avec la même désinvolture que s'il se
fût agi d'un simple anarchiste.

Cette *flirtation* avec la France, en excitant la
jalousie de ses voisins, donne plus de prix à ses
faveurs et plus d'autorité à sa volonté.

La Russie seule tire honneur et profit de l'état
latent d'hostilité qui existe entre les deux puissances rivales, et ces avantages non seulement
cesseraient de fait le jour où la lutte serait commencée, mais ils pourraient bien vite faire place
à un danger pour elle, si sa vigilance et son
esprit politique se trouvaient un moment mis en
défaut.

Nous allons exposer maintenant la nature de
ces dangers, et ce que cette puissance pourrait
perdre à la suite d'une guerre franco-allemande,
si elle n'y prenait pas immédiatement une part
active et décisive.

IV

Trois hypothèses.

Trois hypothèses sont possibles.

Ou la France repousse l'agression de l'Allemagne, écrase ses armées entre ses lignes de défenses et envahit à son tour l'Allemagne.

Ou l'armée allemande réussit à forcer l'entrée de la France, détruit ses forces et se répand dans le pays.

Ou les deux peuples s'épuisent en efforts aussi sanglants que stériles, allant, par un va-et-vient continuel, se briser mutuellement contre les défenses artificielles de chaque pays.

Dans le premier cas (les armées allemandes vaincues et l'Allemagne envahie par les Français), c'est la dynastie prussienne rendue responsable du désastre, c'est peut-être aussi la Révolution déchaînée, voire même la République, comme remède suprême, proclamée en Allemagne.

Nous avons vu, il y a dix-sept ans, ce que pèse un empire, même fraîchement plébiscité, lorsque la fatalité l'accable.

Le souffle de la Révolution, émanant, non plus

d'un nouveau-né aux apparences sauvages, comme en 1792, ni d'un rachitique comme en 1870, mais sortant de la poitrine d'un homme vigoureux, ayant fait ses preuves, venant s'étendre sur l'Europe entière, ferait l'effet de la trompette du jugement dernier; ce serait le *finis regum et cæsarum*.

Est-il possible que l'empereur de Russie n'ait pas envisagé une telle éventualité et n'ait pas prévu les conséquences de ce bouleversement général? Aucune illusion n'est possible à cet égard.

Il interviendrait aussitôt en faveur de la dynastie prussienne et arrêterait la France, qui, satisfaite d'avoir recouvré ses chères provinces, de rentrer dans ses milliards et de voir pour cinquante ans son ennemie couchée sur le lit de repos, remettrait avec joie l'épée dans le fourreau, laissant chacun se gouverner à sa guise.

* *
*

Dans la seconde hypothèse (la France vaincue et envahie), la Russie n'aurait-elle pas tout à redouter d'une Allemagne complètement libre du côté de l'Ouest, et devenue de plus en plus forte, dont les appétits et l'arrogance, subissant la loi fatale des passions humaines, grandiraient en proportion de sa nouvelle fortune ?

Attendrait-elle, dans une inaction aussi coupable que dangereuse, que son tour fût venu de payer son tribut de victimes à cette pieuvre insatiable, qui déjà sonde avec ses tentacules les côtes de la Hollande et des provinces baltiques, et qui, dans un avenir prochain, lui intimerait l'*ordre* d'avoir à faire *choix* de Moscou pour sa capitale et de cesser d'être le colosse du Nord?

Est-il possible que la Russie commette la faute irréparable de laisser grandir et se fortifier ce monstre de fer, alors qu'elle aurait, *peut-être pour la dernière fois,* l'occasion et les moyens d'arrêter son périlleux développement?

Non! elle ne commettrait pas pareille faute.

L'instinct seul de la conservation suffirait pour lui indiquer qu'elle a besoin de cette France pour faire contrepoids à ses nombreux ennemis, et elle n'attendrait pas qu'elle fût à terre pour lui prêter l'appui de son bras et de sa vaillante épée.

Alexandre III ne se montrera pas inférieur à Alexandre II.

La fermeté et le sens politique que déploya ce dernier, lors de la fameuse querelle d'Allemand que le Grand Chancelier chercha à la France en 1875, indiquent suffisamment l'orientation donnée

à la politique extérieure de l'empire des czars
depuis 1871.

L'empereur actuel n'est pas homme à faillir à
sa mission; il n'est ni moins prévoyant ni moins
énergique que son père et prédécesseur, et toute
la stratégie diplomatique du prince de Bismarck
ira se briser contre sa volonté inébranlable, fruit
de la connaissance approfondie des hommes et
du sentiment réel des faits et de leurs conséquences politiques.

*
* *

La France avait et a toujours sa place naturelle
tout indiquée entre les États-Unis d'Amérique et la
Russie, pays déjà unis depuis longtemps par des
liens divers qui se resserrent, d'années en années,
malgré leur forme opposée de gouvernement.

Il a fallu toute la folie ambitieuse des deux
Napoléon pour avoir méconnu cette grande vérité
historique et politique.

L'avenir dira que c'est dans cette triple union,
politiquement, géographiquement et économique-
ment possible, qu'est le germe de la paix du
monde, parce que, seule, elle peut mettre un frein à
la voracité allemande et à la rapacité britannique.

Le jour où la France, la Russie et les États-Unis

seront liés, ne serait-ce même que par un simple traité défensif, la Justice et la Légalité, ces Messies jumeaux de notre Humanité, feront pour la première fois leur apparition au milieu des nations.

Outre la sympathie et l'estime mutuelles qui existent entre le peuple russe et le peuple français, en dépit même des équipées napoléoniennes, il y a entre eux une communauté d'intérêts telle, que son vrai nom est solidarité !

Il est indéniable que si l'Allemagne eût réussi dans sa tentative de 1875 contre la France, ce serait la Russie qui serait aujourd'hui sur la sellette, isolée et étreinte de toutes parts par l'Allemagne et par ses alliés.

La puissance de l'une augmente donc la puissance de l'autre, de même que la faiblesse de l'une ne tarderait pas à se faire péniblement sentir chez l'autre.

L'attitude hautaine du prince de Bismarck lors du traité de Berlin, et les maigres résultats obtenus par la Russie après la pénible et glorieuse campagne de 1877, sont des avertissements que cette puissance n'a pu oublier ; elle a compris et apprécié ce jour-là les fautes qu'elle avait commises en 1864, 1866, 1870, en faisant le jeu de l'homme politique qui, à la première occasion, lui payait si ingratement les services passés, et dont l'influence prépondérante lui rendait hostiles tous les signataires du traité, à l'exception de la France.

Elle a pu se rendre compte alors de ce que ses condescendances imprévoyantes envers l'Allemagne lui avaient déjà fait perdre de prestige et d'autorité.

La Russie ne pourrait plus abandonner la France sans s'affaiblir elle-même et se livrer, comme une proie jusqu'alors forcément respectée, mais désormais accessible, à l'avidité teutonne, à la rancune maggyare, à la perfidie britannique, aux derniers efforts de la Turquie et aux premiers efforts de la Chine. Ce sont autant d'éléments hostiles qu'une main et un cerveau puissants pourraient mettre en action à la fois.

Ce serait de sa part un véritable suicide.

Ce n'est certes pas sans une appréhension légitime qu'elle voit s'accroître, dans des proportions aussi inusitées que menaçantes, les forces de tous ses voisins ; elle est suffisamment avertie, et elle a déjà fait voir qu'elle avait à la fois le sentiment des dangers qui la menaçaient, et celui des devoirs qui s'imposaient dès maintenant à elle pour sa propre conservation.

La France peut donc, non pas par sentimenta-

lité, mais pour des considérations d'équilibre européen, c'est-à-dire d'intérêt russe immédiat, compter
sur le secours de la Russie, le jour où elle serait
attaquée par l'Allemagne.

*
* *

Dans la troisième hypothèse (celle d'une lutte
stérile et sanglante entre les deux peuples), hypothèse qui offre bien des probabilités, le dernier
mot appartiendrait encore à la Russie, qui, dans
l'un ou l'autre de ces trois cas, aurait à guetter
l'heure psychologique de son intervention. Afin de
conjurer des dangers plus grands encore pour
l'avenir, elle se verrait forcée de courir des risques
personnels, qui ont toujours une part d'imprévu,
sans avoir l'espoir de rien ajouter à sa sécurité, à
ses alliances, ni à sa puissance actuelle... Elle
ne réussirait, probablement, qu'à faire un mécon-
tent de l'un sans réussir à satisfaire l'autre.

Elle a donc un intérêt incontestable à entretenir,
pour le moment, l'état de choses actuel, et à détourner du continent un conflit si dangereux pour
tous.

La Russie, enfin, a besoin d'un allié à l'autre
extrémité de l'Europe, en face de l'Angleterre et

sur les flancs de l'Allemagne ; elle a besoin d'une France forte, la plus forte possible, mais qui, vu ses tendances politiques, se sente jusqu'à un certain point menacée, et non entièrement libre d'allures. Elle sait que, tant que la question franco-prussienne n'aura pas été tranchée par le fer, l'Allemagne détournera ses griffes d'elle, et qu'elle pourra, en outre, compter sur les attentions de la France, et, dans des cas déterminés, sur son assistance effective, en attendant l'heure fortunée d'une franche et indissoluble alliance basée sur l'intérêt commun.

V

La France.

Étudions et exposons maintenant ce que veut et ce que peut la France.

Il est tout d'abord établi, et l'opinion universelle est complètement faite à cet égard, que la France ne veut pas la guerre, qu'elle ne la provoquera pas, et que, par conséquent, elle ne la déclarera pas.

Elle a donné tant de preuves de sa ferme résolution à cet égard, depuis des années, durant ces derniers mois, durant ces dernières semaines, et aussi par son attitude dans le conflit de Pagny, pendant et après sa solution, qu'en dire davantage serait du superflu.

Les faits sont toujours plus éloquents que la parole et la plume.

Une seule chose a étonné le monde et l'étonne encore, c'est sa patience, sa résignation (le mot n'est pas trop fort) devant les insultes réitérées dont l'Allemagne l'abreuve.

Il faut la dose d'audace et d'infamie que l'on acquiert à vivre dans l'atmosphère des reptiles pour tenter de donner le change à l'opinion publique, et aussi pour nier cette éclatante vérité, qui, comme un puissant rayon de lumière, éclate à tous les yeux et s'impose de plus en plus à l'opinion de l'Europe honnête.

La France a certainement, pour garder cette attitude, des motifs nombreux et sérieux.

Avant tout, son état politique et son étiquette gouvernementale lui interdisent d'être une puissance agressive.

Elle a, en outre, le sentiment exact de ses forces, et elle apprécie qu'il lui faudrait encore au moins cinq années de paix pour que ses moyens de défense eussent atteint leur complet développement et la rendissent à peu près inattaquable.

Elle voit aussi grandir chaque jour les inimitiés autour de sa rivale, et, connaissant par une douloureuse expérience toute la puissance de l'opinion publique, elle veut, dans ce *duel à mort,* avoir pour elle la sympathie des peuples.

Elle n'ira pas non plus, en véritable hanneton, donner de la tête contre le traité d'alliance, exclusivement défensif, existant entre l'Allemagne, l'Italie et l'Autriche, se garantissant réciproquement leurs territoires contre une agression étrangère.

Elle veut enlever à l'Allemagne le bénéfice de ce traité, en lui laissant le rôle toujours réprouvé d'agresseur, et en évitant les pièges qu'elle lui tend.

Elle est donc, par raison, par sentiment et par intérêt, résolument hostile à une guerre d'agression.

Elle a le calme que donnent la force, la confiance et le droit, sachant bien qu'elle ne peut être ni trompée ni engagée, malgré elle, par un ambassadeur maladroit, par un ministre inconscient ou par une camarilla aveugle, car elle n'a à sa tête que des administrateurs délégués qui doivent lui rendre des comptes exacts et prendre ses ordres.

C'est à ses élus directs qu'appartient le dernier mot.

Cette forme constitutionnelle, qui est une faiblesse dans les questions secondaires de politique internationale, parce qu'elle entrave l'initiative et l'action gouvernementales et ouvre trop facilement la porte à des discussions intempestives, lui donne au milieu du chaos européen, en face d'un danger national, une élasticité et une sécurité qui la mettent à l'abri de toutes les surprises et de toutes les compromissions.

La France se recueille... Il y a dix ans, elle tremblait encore ; il y a cinq ans, elle doutait d'elle-même ; mais, aujourd'hui, elle se sent mûre pour la défense, et c'est de pied ferme, le cœur soulagé d'une oppression de quinze ans, le front tourné vers l'Alsace, qu'elle regarde en face son ennemie séculaire.

Préparée à accepter la terrible partie que l'Allemagne veut lui imposer, elle fera beaucoup pour en retarder le moment, mais elle ne faiblira pas un instant ; elle attendra son attaque, et ce jour-là elle donnera au monde un exemple, sans précédent dans l'histoire des nations, de ce que peuvent produire l'amour de la patrie, le sentiment de la famille menacée et la voix intense de l'honneur.

Elle renouvellera et dépassera la gloire immortelle que s'est acquise l'Espagne dans sa lutte sublime contre l'ogre de Corse, qui, lui du moins, en franchissant les Pyrénées, jetait aux pieds de ce vaillant peuple, si durement asservi, l'immonde Inquisition qu'il avait brisée par un décret, et lui apportait l'émancipation civile et des lois libérales.

Au premier appel de la patrie en danger, la France entière serait debout, et, d'une extrémité à l'autre de cette riche et vigoureuse terre des Francs, s'élèveraient deux cris formidables.

Alors que, dans toutes les gares, sur toutes les routes, retentirait le cri de ralliement : ...Aux frontières!.... aux frontières! cri poussé par tout homme valide, de chaque chaumière, de chaque château, là où il n'y aurait plus que des femmes, des enfants et des faibles, se ferait entendre le véritable cri de la situation, le cri partout répété de : Au voleur!... au voleur! Et, de ce sol privilégié, berceau des droits de l'homme et de l'indépendance des peuples, surgiraient aussitôt, comme un gage de victoire, une cinquième et une sixième armée, formées de jeunes et de vieux combattants, soldats du salut public et volontaires de l'honneur, fiers de remplir les vides et d'opposer leurs poitrines à ces hordes de soudards alléchés par l'appât du pillage, dont la seule excuse serait l'égarement et la volonté de maîtres avides de rapines et de domination.

La France a une unité qui n'existe dans aucune autre nation d'Europe ; elle n'a qu'un langage, qu'un intérêt, qu'une âme ; elle est aujourd'hui rentrée dans l'entière possession de tous ses moyens d'action sans avoir à redouter ses deux pires ennemis de 1870 : les compromissions dynastiques et les crimes d'un Bazaine.

Elle pourrait avoir à souffrir longtemps des conséquences d'une guerre ruineuse et meurtrière, mais elle n'aurait pas à les redouter un seul instant.

Provocatrice et assaillante, elle eût été coupable et vaincue ; provoquée et assaillie, elle en sortirait honorée et victorieuse, ramenant triomphalement dans le sein de la famille ses deux enfants chéries, l'Alsace et la Lorraine.

<h2 style="text-align:center">VI</h2>

<h3 style="text-align:center">L'énigme.</h3>

Il ne nous reste plus qu'à approfondir les intentions du Grand Chancelier, inspirateur tout-puissant de la politique de l'Allemagne.

C'est là une tâche ardue, qui défie la science d'observation et toutes les prévisions diplomatiques, car elles ne sont que le reflet toujours variable d'une politique sans cesse agressive, qui ne repose que sur le mépris d'autrui, l'absence de scrupule et l'intérêt du moment.

Aussi à cette question :

Les projets belliqueux de l'Allemagne sont-ils sincères ? Veut-elle réellement la guerre ?

Nous répondrons :

Oui et non !

Oui ! si elle peut trouver de nouveau des Benedetti ou des Mensdorff assez naïfs pour *couper dans le pont* (1), et des alliés intéressés ou dociles comme en 1864, 1866 et 1870.

Non ! si elle ne réussit pas à déplacer les responsabilités et si elle continue à soulever encore davantage la méfiance et la réprobation universelles.

En traitant des intentions de la Russie et de la France, nous avons fait voir quels dangers cour-

____

(1) Qu'on nous passe cette expression figurative et forte, qui trouve ici une application si exacte que nous n'en voyons aucune qui puisse mieux rendre notre pensée.

rait une Allemagne agressive ; nous allons exposer maintenant les diverses raisons qui peuvent expliquer, mais non excuser son attitude actuelle.

VII

L'Allemagne.

L'Allemagne commence seulement à avoir conscience de son isolement. L'engouement qu'elle avait excité est passé, et elle n'a réussi qu'à mécontenter de plus en plus tout le monde. On la redoute, on l'observe et on la déteste. Elle recueille enfin les fruits amers de sa cynique politique d'envahissements et de jeu de bascule, qui a froissé et mécontenté toutes les puissances, tour à tour dupes et victimes de cette grande distributrice de coups et de promesses.

Elle voit les ressentiments, jusqu'alors contenus, se resserrer autour d'elle, et elle attribue, non sans raison, ce nouvel état de choses à la confiance qu'inspire aujourd'hui la France, par le fait de sa reconstitution militaire et de son rayonnement moral.

Le Sleswig, le Holstein, le Hanovre, l'Alsace, la

Lorraine, les milliards arrachés et engloutis, les tentatives de 1875, la germanisation à outrance des provinces polonaises et baltiques, ont trop clairement dévoilé ses instincts dangereux, ses projets futurs et son intransigeance égoïste.

Sa nature prolifique, sa force extensive, son ambition insatiable, constituent un danger européen chaque jour grandissant, et ont fini par donner l'éveil aux plus intéressés, c'est-à-dire aux plus forts, à ceux qui, ayant le plus à perdre du fait de sa suprématie, l'observent aujourd'hui d'un œil inquiet, sinon hostile.

Le réveil seul de la France, assoupie depuis quinze ans, a suffi pour produire une telle réaction et pour donner à ces éléments épars du mécontentement européen un corps et une consistance visibles et palpables.

La Russie, qui guettait ce réveil, lui a fait un signe d'accueil qui, passant par-dessus la tête de l'Allemagne, n'a pas été sans l'effleurer au passage.

Cette simple démonstration sympathique, conséquence d'estime mutuelle et de dangers communs, a instantanément déplacé l'assiette de l'Europe.

C'était une sorte d'avertissement donné à l'Allemagne, d'avoir désormais à observer le droit commun des nations et de se préparer à rentrer dans le rang.

Elle l'a ainsi compris, et elle se voit placée entre ce dilemme : Abdiquer la régence de l'Europe, ou affirmer ses prétentions par de nouvelles victoires.

Elle a le cuisant souvenir de ses hésitations et de son avortement de 1875, et, aujourd'hui comme alors, c'est la crainte de la Russie qui l'arrête et qui sert de frein à sa rapacité !

C'est en agitant les spectres de la Révolution et de l'anarchie, c'est en agissant *ipso motu*, comme le fondé de pouvoir de l'Europe, que l'empereur d'Allemagne, grâce aussi au respect dû à son âge, a pu réussir à faire graviter, pendant un certain temps, autour de lui, les rois et les empereurs ; cependant ces derniers ont tour à tour repoussé cette tutelle : les rois seuls obéissent encore, mais leurs peuples s'y refusent.

VIII

L'Espagne et l'Italie.

Le Grand Chancelier avait pu alors, dans son omnipotence, creuser à son aise, sous chaque pied de la France, une mine dangereuse, à laquelle il se réservait de mettre le feu à son heure, lorsque la mort, en frappant le roi Alphonse, est venue rendre l'Espagne au sentiment exact de la situation et l'a mise à l'abri de toute compromission nouvelle.

La France saurait aujourd'hui honorer ce peuple fier et chevaleresque, et s'honorerait elle-même en ne laissant devant les Pyrénées que les douaniers et les gendarmes chargés d'assurer les services publics, le jour où l'Allemagne la forcerait à combattre pour son indépendance et pour la liberté des peuples.

Ce jour-là, qu'elle ne laisse pas un seul régiment dans cette partie de la France; qu'elle dispose, en toute confiance, des forces qui s'y trouvent; qu'elle adresse au gouvernement espagnol, une note diplomatique, franche et digne, dans laquelle se trouveraient ces mots :

« Le peuple français, obligé de soutenir une guerre d'indépendance, confie le respect de ses frontières du sud-ouest à la loyauté et à l'honneur du peuple espagnol » et, pour qui connaît ce dernier, jamais ses frontières n'auraient été aussi sacrées.

La mine pyrénéenne s'est donc effondrée avant

d'avoir été chargée, alors que l'autre, celle qui existe encore au pied des Alpes, est aujourd'hui éventée.

C'est de la nation italienne, dûment avertie, plus encore que de son gouvernement, qu'il dépend que cette seconde mine s'effondre à son tour.

Le pays de Machiavel, de Cavour et des libéraux actuels ne saurait être le jouet d'un diplomate étranger, fût-il le prince de Bismarck.

Ce n'est pas un peuple, qui a été pendant si longtemps victime de l'oppression et de la tyrannie, qui se fera jamais le complice inconscient des basses œuvres du despotisme contre la liberté.

Ce double échec de la politique allemande pèse aujourd'hui d'un poids énorme dans la balance de la paix, et si celle-ci venait quand même à être troublée, si l'Allemagne, malgré les avertissements de la Russie, se décidait à affronter les risques d'une campagne agressive, c'est qu'il y aurait une inconnue, peut-être deux, dont la première ne pourrait être qu'une alliance effective de l'empereur d'Allemagne avec le roi d'Italie, et la seconde serait la connivence et l'appui moral du gouvernement belge.

Nous avons tout d'abord repoussé ces deux hypothèses, comme offensantes pour les monarques de ces deux royaumes, et comme criminelles de la part de leurs peuples. C'est pourquoi nous avons déclaré, et nous déclarons encore que nous ne croyons pas à la guerre. L'Allemagne ne s'exposerait à l'entreprendre que si elle pouvait compter sur ces deux appoints qui, seuls aussi, constitueraient un danger réel pour la France.

IX

La Belgique.

Supposons, pour un moment, la connivence du gouvernement belge, que l'Allemagne n'a pas été sans solliciter, en faisant miroiter aux yeux de ses diplomates, en même temps que des compensations pécuniaires et autres, les avantages que la monarchie belge retirerait de la réinstallation de la famille d'Orléans sur le trône de France, en même temps que la chancellerie allemande cherche à fasciner la maison de Savoie par la perspective du retour des Bonaparte.

Il suffirait d'un *reid* habilement ménagé et exécuté pendant la nuit, à l'aide de guides qui ne

lui manqueraient pas, pour que la cavalerie allemande brisât les télégraphes, occupât les lignes de
chemin de fer, et mît la main sur le matériel,
tandis que les commandants belges réclameraient
des ordres qu'ils auraient été mis dans l'impossibilité de recevoir.

L'armée belge licenciée, une faible partie...
sorte de garde prétorienne... réservée pour ac-
compagner le roi à Anvers ou à Ostende, et
l'occupation plus ou moins provisoire serait
achevée.

Une protestation, énergique dans ses termes
mais nulle dans ses effets, par laquelle le roi décla-
rerait qu'il ne cède qu'à la force, couvrirait sa
responsabilité devant l'Europe mais non devant
son peuple, et n'empêcherait en rien le fait accompli.

La meilleure garantie d'une neutralité franche
que le gouvernement belge puisse donner à l'Europe repose sur le choix, qu'il lui est toujours loisible de faire, non seulement des chefs de corps,
mais aussi des simples officiers appelés à occuper
les postes stratégiques et les têtes de lignes sur les
frontières de l'Est. Que ceux-ci soient munis d'instructions, de pouvoirs et de moyens nécessaires
pour éviter toute surprise, de nuit comme de jour,

et pour détruire les lignes de fer au premier signal
de la violation du territoire.

Les noms et les préférences connues de ces
chefs militaires caractériseront et affirmeront,
mieux que toutes les notes diplomatiques, les intentions du gouvernement, et ils donneront à l'opinion publique et aux vrais intérêts du pays les
satisfactions qu'ils sont en droit d'attendre et
d'exiger.

La Prusse a montré le peu de cas qu'elle faisait
des traités et des conventions qui la gênaient.
N'attendant son absolution que de son triomphe,
son unique *credo* est la victoire, qui coupe court à
toutes les récriminations.

En absorbant l'Allemagne, elle lui a inculqué
ses principes, que celle-ci n'était déjà que trop pré-
disposée à accepter.

L'occupation de la Belgique lui donnerait un
avantage militaire tellement considérable sur la
France, qu'il faudrait toute l'énergie et l'ardent
patriotisme de cette dernière pour rétablir l'équilibre.

Personne n'admet, par contre, l'éventualité de
l'invasion de la Belgique par la France, nous voulons dire qu'aucun homme sensé et de bonne foi
ne l'admet.

Il est clair que la France a besoin de barrières entre elle et son ennemie; il est également notoire que le Nord est son point le plus faible... Moins étendu est son front, c'est-à-dire son contact avec l'Allemagne, plus sa puissance défensive est grande; elle n'ira donc pas, follement, augmenter son danger, s'ouvrir de ses propres mains des brèches du côté où elle est le moins défendue, et s'aliéner du même coup les sympathies d'un peuple ami et celles de l'Europe.

Feindre de redouter cette éventualité, c'est joindre l'absurde à la mauvaise foi.

Si donc la Belgique devient un jour le théâtre de la guerre, si les ruines s'y accumulent, c'est que l'Allemagne, encouragée par les politiciens dynastiques belges et par les stratégistes allemands, aura violé, une fois de plus, les traités et envahi ce pays, et que la France se sera vue dans l'obligation d'arrêter là son ennemie, ou de l'y suivre.

Le gouvernement belge a en main le moyen de lever tous les doutes et de détourner de la Belgique tout danger et toute responsabilité.

Qu'il provoque une nouvelle consécration du respect de sa neutralité, et il verra immédiatement la France y acquiescer et l'Allemagne l'éluder.

Le peuple pourra alors juger sainement de quel

côté il doit préparer sa défense et faire reposer ses appréhensions ; si c'est du côté de la nation qui, au prix du sang de ses enfants, lui a assuré son indépendance, ou si c'est du côté de celle qui menace à la fois son indépendance, son industrie et son langage.

X

Caveant consules !

La France ne doit pas se laisser émouvoir par les menaces de l'Allemagne, celle-ci ne l'attaquera pas aujourd'hui seule et de front ; qu'elle la laisse donc faire faute sur faute, entasser conflits sur conflits, ce sont autant de crachats en l'air qui lui retombent sur la face.

Plus l'Allemagne s'agite et plus elle se trouve prise et embarrassée dans ses propres filets ; sitôt qu'elle sera bien convaincue et pénétrée qu'elle ne peut compter ni sur l'assistance des soldats de l'Italie, ni sur les voies et le matériel de la Belgique, sa bouillante ardeur se refroidira.

C'est donc uniquement du côté de ces deux pays, et particulièrement de la Belgique, que doit se tourner la vigilance de la diplomatie française.

Caveant consules !

XI

Le septennat et son rapport avec le conflit franco-allemand.

On ne peut donc affirmer sans naïveté, comme le font certains organes fantaisistes, que tous ces bruits belliqueux, toutes ces provocations à la France, tous ces préparatifs militaires ont eu pour but unique de remplacer le *Reichstag* par une pâte molle.

C'est plus que de l'optimisme... Tant que le Grand Chancelier n'a joué qu'avec l'opinion publique de son pays, ce qui est sa distraction favorite, on pouvait ne voir là qu'un des effets habituels de sa politique intérieure ; mais lorsqu'il vide le trésor de guerre et met en branle les millions, c'est qu'il a une complication extérieure en vue, disons le mot... il a un coup à faire.

La vérité est celle-ci.

Le projet militaire septennal, qu'il avait qualifié de loi de salut public, pour le rendre plus glissable, était le coin à l'aide duquel le grand politique voulait forcer la constitution si fraîche encore de l'empire, et, naturellement, il y est arrivé.

Par cette brèche ouverte désormais à tout projet triennal, quinquennal ou septennal, il fera passer, quand il le voudra, toute autre partie du budget, voire même le budget tout entier.

C'est l'annihilation de l'initiative et du contrôle parlementaires, c'est l'abdication effective du Reichstag entre les mains de la dynastie bismarckienne, qui fait souche.

Telle a été la dernière conception de politique intérieure du plus grand homme d'État des temps modernes.

C'est pour obtenir cet important résultat, qui est le renversement du principe parlementaire, qu'il a mis, avant l'heure voulue, l'Europe en émoi, et, heureusement pour elle, aussi en éveil, ce qui a valu à son auteur les deux douches d'eau froide que le gouvernement russe lui a administrées par l'intermédiaire de M. de Jomini du journal semi-officiel *le Nord.*

Mais un tel lutteur ne pouvait s'avouer touché ; il n'a pas voulu qu'on puisse l'accuser un jour d'avoir, une fois dans sa carrière diplomatique, reculé devant un avertissement équivalant à une injonction, et aujourd'hui l'éminent politique que vingt-trois ans de succès non interrompus ont fini par griser, descend tout à coup au rang d'un

Ollivier, et compromet par son infatuation la couronne de son empereur, le salut de sa patrie et la paix du monde.

Il a voulu frapper un coup encore plus fort qu'auparavant, afin de faire comprendre à la Russie que c'est aussi à elle qu'il s'adressait. L'affaire Schnæbelé, en même temps qu'une injure à la France et un défi à l'Europe honnête, était la réponse de la Chancellerie allemande à la Chancellerie russe; c'était aussi une satisfaction qu'il devait aux siens et à son propre orgueil comme dérivatif et comme compensation à l'échec définitif que sa diplomatie venait de subir.

Nous allons expliquer ces derniers mots.

XII

Plan du Grand Chancelier.

Le prince de Bismarck, le politique jusqu'alors infaillible, avait promis à l'état-major allemand plus qu'il n'a pu tenir.

Il lui avait dit :

Poussez les armements, préparez les nouveaux fusils à répétition, les nouveaux engins ; prenez

une avance de deux ans sur les autres puissances;
disposez du trésor de guerre, des fonds d'état, des
millions; ne reculez devant aucun sacrifice pour
tout ce qui semblera pratique; nous retrouverons
tout cela, au décuple, dans le fortuné pays des
chauvins et des milliards... Quand vous serez
prêt, vous me le direz, je me charge du reste...
Les guerres de 1864-66-70 se sont faites à
l'heure que vous m'avez fixée, dans les conditions
que j'ai voulues, et infiniment meilleures que vous
n'étiez en droit de l'espérer... Entre nous soit
dit, je vous avais tellement bien mâché la besogne
que vous n'avez plus eu qu'à l'avaler... Il en sera
encore ainsi cette fois, fiez-vous à moi... Je
jouerai, ou pour le moins je paralyserai la Russie;
l'empereur d'Autriche et le roi d'Italie nous prê-
teront leur appui moral, peut-être même effectif;
j'aurai les sympathies de la cour d'Angleterre et
la neutralité de son gouvernement. Il ne me restera plus qu'à pousser la France à bout, qu'à la
faire tomber dans un traquenard, à la forcer à
nous déclarer la guerre, car il est toujours sage
d'essayer au moins de sauver les apparences...
c'est mon affaire.

... Comme elle ne sera pas suffisamment préparée, comme son fusil à répétition ne sera encore

représenté que par un beau dessin sur le papier,
nous aurons tout le bénéfice de l'avance acquise
et des sacrifices faits... Les Autrichiens ont payé
l'épreuve des premiers fusils à aiguille, les
Français celles des premiers canons se chargeant
par la culasse, c'était le tour des Russes de subir
celles des fusils à répétition, mais finissons-en
d'abord avec cette France si prodigieusement
vivace et riche... Vous trouverez bien quelque autre chose pour les Slaves et les Cosaques
qui ne gagneront rien pour avoir dû attendre...
Cette nouvelle campagne entreprise avec de pareils
avantages devra être décisive. Les Français
seront de nouveau surpris en pleine réorganisation militaire et en travail de transformation
d'armes, nous démembrerons le pays à notre
aise... Notre empire, fraîchement éclos, composé
de pièces, de morceaux et d'éléments hétérogènes,
manque encore du ciment nécessaire à sa conso-
lidation ; des craquements se font entendre de
divers côtés, un nouveau triomphe peut seul af-
fermir et mener à bien l'œuvre commencée...
Une fois libres du côté de l'Ouest, il nous sera
facile et loisible de tourner tous nos efforts du
côté de cette lourde et encombrante Russie désormais isolée, ce sera l'affaire d'une dernière

campagne pour la refouler vers l'Asie... La Baltique deviendra un lac allemand, et l'Europe pourra enfin se reposer en paix sous notre égide dominatrice.

*
* *

Le Grand Chancelier était suffisamment autorisé à raisonner ainsi ; tout lui avait si bien réussi jusqu'à ce jour, qu'il était en droit de compter comme toujours sur son habileté personnelle et sur la crédulité d'autrui pour paralyser les uns, tromper les autres et exploiter ceux qu'il avait en vue.

Qu'on n'oublie pas que les États Confédérés allemands ont aujourd'hui près de dix millions d'habitants de plus que la France, et qu'en temps normal ils peuvent, par conséquent, mettre sous les armes 600 à 700,000 hommes de plus qu'elle.

Cette considération qu'il ne faut pas perdre de vue, et dont ne se rendent pas suffisamment compte nos chauvins, reste cependant sans effet pratique, si l'Allemagne entreprend une guerre offensive.

Avec l'esprit patriotique qui anime aujourd'hui la France entière, avec ses cadres ouverts aux volontaires en cas d'agression et de nouvelle invasion, elle verrait, en moins d'une semaine, des centaines de mille d'enrôlés en dehors des âges réglementaires.

L'attentat de Pagny, venant après tant d'autres provocations, a eu du retentissement jusque dans le coin le plus obscur de France ; il a ouvert les yeux au dernier des paysans comme au premier des gentilshommes ; il a fait voir à tous que ce n'est pas la République qui veut la guerre, ni qui en est cause, et que la politique n'y est pour rien. Chacun a compris que cette querelle d'Allemand vise uniquement *le champ de l'un et la bourse de l'autre,* et c'est coude à coude, fiers, confiants et pénétrés d'ardeur, que tous, sans distinction d'âge, de classe et de richesse, sauraient faire leur devoir.

Voilà le résultat le plus clair de la dernière frasque allemande.

Le plan du Grand Chancelier, si digne de son vaste cerveau et des basses passions de son peuple, a donc piteusement échoué ; l'éveil était donné dans toute l'Europe.

La Russie ne s'est laissé ni jouer ni compromettre, elle s'est contentée de se débarrasser du roquet teuton qu'on lui avait lancé entre les jambes, se réservant de choisir son heure pour en finir avec la question bulgare.

La France a évité les nombreux pièges qui lui ont été tendus ; *elle est fermement résolue à ne pas déclarer la guerre,* mais se sachant menacée, elle a fait en quelques mois plus pour sa défense qu'elle n'en avait fait en deux ans.

Les monarques alliés de l'Allemagne se sentent aujourd'hui de moins en moins disposés à s'engager et à se compromettre dans une mauvaise affaire, que la conscience de leurs peuples réprouve ouvertement.

Tel est le bilan politique de l'Europe.

Le succès, en rendant l'homme trop confiant en lui-même, arrive à en faire un imprudent... Fût-on le prince de Bismarck en personne, on poursuit mal deux lièvres à la fois.

Pour obtenir son septennat, il a été obligé de démasquer intempestivement les batteries qu'il tenait braquées sur la France ; cette dernière est avertie, et avec elle l'Europe entière.

XIII

Attitude et devoirs de la France.

Mais, nous objectera-t-on, si vous admettez que l'Allemagne se résigne à perdre le bénéfice de l'avance qu'elle a prise et des sacrifices qu'elle a faits dans un but si nettement déterminé, comment s'expliquer non plus ses provocations antérieures qui n'étaient alors que l'accomplissement obligatoire de son programme, mais son dernier acte si délibérément agressif, après les divers avertissements qu'il avait déjà reçus ?

Nous répondrons : la brutalité et la violence de cet acte indiquent que le Grand Chancelier voulait à tout prix brusquer une situation qu'il ne pouvait plus maintenir sur cette pente devenue de plus en plus glissante et menaçante pour lui. Nous y voyons la preuve, qu'il se rendait compte que ses projets étaient éventés et mis à jour, et que son plan était en voie d'échouer.

Est-ce à dire qu'il y a renoncé, qu'il ne renouvellera plus ses attaques, qu'il a, en un mot, vidé son sac ?

Nous ne le croyons pas, et nous pensons, au contraire, qu'il nous faut être plus vigilants et plus circonspects que jamais. Notre adversaire, cette fois, prendra peut-être la peine de se montrer subtil, ce qu'il a toujours dédaigné de faire, et dans cette voie nouvelle, comme dans les antérieures, il est à supposer qu'il se tiendra à la hauteur de sa réputation.

Aujourd'hui, il sait qu'il peut se livrer presque impunément à toutes sortes de provocations, et offrir à la nature grossière de son peuple des satisfactions momentanées, qu'il paye du reste assez cher par la réprobation universelle qu'il s'attire, et par les sympathies qu'il détache de plus en plus de lui.

Que la France le laisse continuer ce jeu périlleux, qu'elle reste impassible, mais plus résolue que jamais à s'armer pour sa défense, sans plus s'inquiéter de l'Allemagne, que celle-ci ne prend souci de nos émotions, en ce qui concerne l'opportunité, le but et l'augmentation de ses armements.

Cessons donc de pratiquer à son égard cette politique, dite de sentiment, dont on se gausse, à Berlin.

Nos gouvernants ont donc oublié qu'ils se trouvent en face du Chancelier de fer, de l'homme qui, lors de la discussion du traité de paix, disait à M. Thiers :

Mais, donnez-moi donc des raisons allemandes et non plus des raisons françaises ; celles-ci je ne puis les comprendre et je ne veux pas les entendre... Si vous continuez, vous m'obligerez à vous répondre en allemand.

Pensent-ils donc que le grand politique ait faibli depuis lors?

Ce serait de la naïveté. Le succès et la gloire aveuglent et endurcissent l'homme; les lauriers développent son ambition et ses passions, et il n'y a pas d'exemple qu'ils l'aient rendu plus équitable et surtout plus humain.

Que le gouvernement ne compromette pas davantage sa dignité par de stériles et honteuses démarches; qu'il comprenne aussi que la réserve et la bouderie qu'a manifestées la Russie dans ces derniers temps ont leur origine et leur cause naturelle dans la malheureuse équipée de M. de Lesseps et dans la direction imprimée par le dernier cabinet à notre politique étrangère.

C'était, dans tous les cas, une réponse bien maladroite à la marque *effective et probante* de sympathie que l'empereur de Russie venait de donner à la France en refusant de renouveler l'alliance des trois empereurs.

La France n'a qu'une attitude à garder, c'est celle de l'attente et l'arme au pied.

Imitons nos pères de Fontenoy en face des Anglais, et nous tournant vers nos ennemis du jour, disons-leur aussi : « Commencez, Messieurs les Allemands ! »

Qu'ils suscitent de nouveaux conflits à la frontière ou dans quelque port de mer plus ou moins éloigné ! Qu'importe ! Répondons-leur toujours :

« ... Nous ne vous menaçons pas ; mais vous, qui nous menacez, osez donc déclarer et faire franchement la guerre... Nous vous attendons... Pour le moment, nous méprisons vos provocations, sachant bien que vous serez les premiers à y mettre un terme, le jour où, comme vous, nous aurons complété nos armements.

« Jusque-là... bas les pattes ! C'est tout ce que nous exigeons. »

XIV

Le Prince impérial d'Allemagne, l'Empereur d'Allemagne. Solution pacifique possible.

Si les idées et les intentions pacifiques prêtées au prince impérial d'Allemagne sont sincères, comme tout l'indique, le vieil empereur a un moyen honorable de mettre un terme à la crise qui inquiète et ruine l'Europe, et peut-être aussi de détourner d'elle, indéfiniment, l'effroyable tempête qui la menace.

Il terminerait ainsi sa carrière aussi glorieusement qu'il l'a commencée.

Qu'il propose, non pas un désarmement général qui ne serait qu'un leurre et une impossibilité, mais un licenciement très large des hommes sous les armes, et une réduction proportionnelle du contingent annuel des grandes puissances.

Que chaque pays continue, au contraire, à s'armer et à se fortifier pratiquement, et surtout artificiellement, au point de vue défensif, afin de se rendre presque inattaquable.

C'est la seule garantie sérieuse d'une paix longue et assurée, car une nation n'étant, en fait, qu'une agglomération d'êtres et d'intérêts humains possède et développe toutes les passions de l'homme isolé à un degré bien supérieur encore...; l'instinct mauvais est aussi chez elle l'instinct dominant ; elle sera d'autant moins portée à faire du mal à ses voisins, à les jalouser, à en abuser, qu'il y aura pour elle plus de danger à le tenter.

C'est là une vérité élémentaire qui trouve une nouvelle sanction dans les circonstances présentes.

Chacun dira que la France, destinée, paraît-il, à exciter la convoitise de l'Allemagne, aurait aussi d'autant plus excité ses exigences que sa faiblesse eût été manifeste, et que, sans ses forteresses, ses armements et sa réorganisation militaire, sans les milliards qu'elle a dû dépenser à cet effet, elle eût été de nouveau envahie et rançonnée.

Les documents officiels, tout récemment livrés à la publicité par le général Le Flô, notre ancien ambassadeur à Saint-Pétersbourg, ne laissent aucun doute à cet égard, et ne viennent que trop victorieusement confirmer notre thèse.

Ce sont des preuves irréfutables, tellement irréfutables de la mauvaise foi allemande, que les journaux de l'empire ont observé immédiatement un silence de commande, non pas sous le coup de la honte, sentiment qu'ils ne connaissent plus, mais par prudence et par obéissance... Ordre était donné aux reptiles de rentrer leurs sifflements, et de faire tout d'abord le vide autour de ces dangereuses révélations jusqu'à ce que l'on ait organisé une campagne de démentis et de mensonges.

XV

**Les documents officiels du général Le Flô.
Projets et tentatives de l'Allemagne en 1875
et en 1877.**

C'est que ces documents diplomatiques démontrent surabondamment que l'Allemagne de 1875, lorsqu'elle était, comparativement à l'organisation des autres pays, à l'apogée de sa puissance militaire, était aussi à l'apogée de l'immoralité politique.

Elle en était arrivée à considérer qu'elle n'avait même plus besoin d'un motif, ni même d'un prétexte, pour faire à la France une nouvelle guerre de surprise et de rapine ; il lui suffisait de se savoir la plus forte.

Ayant tout préparé dans l'ombre en vue d'une campagne agressive, elle avait projeté de s'emparer tout d'abord de Nancy sans déclaration de guerre préalable, et, la main étendue sur ce précieux bijou, elle aurait attendu que la France, confiante et surprise, acceptât ses conditions léonines, dont la première lui eût ravi le droit de se fortifier chez elle, ou bien qu'elle entreprît une guerre manifestement inégale à l'époque.

C'était l'introduction dans le code international d'une nouvelle loi que le Grand Chancelier avait baptisée à l'avance de : *Loi de garantie pour l'avenir*, autrement dit : *Loi des nations suspectes...* On en comprend l'épouvantable élasticité.

Ses hésitations, nous ne disons pas ses scrupules, pour ne pas nous rendre ridicule, se taisaient devant ce scandaleux démarquage du droit des gens.

Ainsi, on aurait vu de nouveau, en pleine paix, en l'an de grâce 1875, proclamer, comme loi suprême des nations civilisées, cette maxime barbare : *La force prime le droit,* maxime plus terrible dans sa froide conception que le *væ victis* de Brennus, qu'expliquent l'ardeur des combats de la veille et les mœurs du temps... Mais Brennus, en véritable Gaulois, avait du moins attaqué de front Rome, avertie et armée.

*
* *

La duplicité et la violence constituent à tel point la substance même de la politique allemande, que deux ans après ces premiers événements, en 1877, alors que la Russie entrait en campagne contre la Turquie, le Grand Chancelier crut le moment opportun de reprendre ses projets contre la France.

C'est à cet effet qu'il envoya le général Schweinitz faire auprès du tzar une nouvelle et dernière tentative de marchandage, qui fut non moins infructueuse que celle de M. de Radowitz, deux ans auparavant.

Voilà des faits récents, prouvés, qu'il est aussi impossible d'amoindrir que de nier.

Ce sont ces deux attaques que la main de la Russie a détournées de nous, alors que nous n'étions pas prêts à les repousser.

Il est de notre devoir et de notre honneur d'en garder le souvenir, et de montrer à l'Europe, à la première occasion favorable, que la France, elle, ne saurait être ingrate.

Par une ironie du sort, après avoir semé ses bienfaits dans le monde entier, après avoir constitué des nationalités indépendantes en Amérique, en Grèce, en Belgique, en Italie; après s'être faite partout le champion des grandescauses, jusque chez les Maronites, il était réservé à la France de voir le seul pays qu'elle n'eût pas obligé, la Russie enfin, lui rendre des services d'ami à l'heure décisive, alors que ceux qui lui devaient jusqu'à l'existence gardaient le silence, et, quelques-uns même, une attitude plutôt hostile.

Si aujourd'hui, pour nous servir d'une expression consacrée, le prince de Bismarck a mis de l'eau dans son vin, s'il prend la peine de chercher des prétextes et au besoin de les créer, c'est qu'il comprend que la partie est devenue plus difficile à jouer, qu'elle le devient chaque jour davantage encore, et que la France de 1887 est déjà de taille à lui répondre.

Soyons donc forts, les plus forts possible, comme nous le conseillent les Russes eux-mêmes, si nous voulons vivre en paix, et voir nos personnes et nos biens respectés par les Allemands.

Ils iront alors se mettre en quête d'une proie plus facile.

*
* *

Que le cabinet du 31 mai, qui vient de voir si péniblement le jour ; que la Chambre, et plus spécialement la coalition hybride qui a renversé le dernier ministère n'oublient pas que la question extérieure est toujours pendante et menaçante, et qu'elle doit primer toutes les autres.

Qu'ils sachent que la France les observe d'un œil plus sévère que jamais, et qu'elle ne comprendrait pas qu'on allât encore ergoter dans le vide sur quelques milliers de francs, alors que des rançons de milliards, l'existence de centaines de mille de Français, l'honneur et l'intérêt de la patrie sont en jeu.

A tous nos gouvernants, quels qu'ils soient, nous répéterons sans cesse : Rappelez-vous toujours des événements de 1875 et de 1877 qui vous indiquent suffisamment où sont nos vrais *amis naturels* et nos vrais ennemis naturels. Attachez-vous aux actes et non aux paroles.

XVI

Angleterre, Autriche, Suisse, Danemarck, Hollande, Suède, Turquie.

Nous n'avons rien dit de l'Angleterre qui resterait neutre dans la crainte que le mal qu'elle pourrait faire à l'un ne profitât trop à l'autre.

Nous n'avons rien dit de l'Autriche dont l'action est entièrement subordonnée à celle de la Russie.

Nous n'avons rien dit non plus de la Suisse, ce pays frontière. Son vaillant peuple, qui s'appartient, est incapable d'aucune faiblesse, et son glorieux passé répond de l'avenir.

Quant au Danemarck, à la Hollande, à la Suède même, ce ne sont pour l'hydre germanique que des proies. de réserve, destinées à disparaître et à être englouties par elle le jour où elle se serait enfin débarrassée de ces deux gêneuses, la France et la Russie. Reste la Turquie, habituée de longue date à payer les pots cassés... Elle se gardera bien de mettre la main entre l'arbre et l'écorce.

XVII

Effets généraux de la politique allemande.

Notre conclusion est celle-ci :

L'Allemagne continuera fatalement son œuvre de taupe de l'Europe ; c'est dans l'instinct et la nature de son peuple, dont la politique actuelle n'est que la résultante.

Partout se fait sentir son œuvre souterraine et malfaisante.

Il n'y a pas un seul pays d'Europe qui ne voie sa vie économique altérée et menacée par son fait. Il n'y en a pas un, depuis l'Espagne jusqu'à la Russie, qui oserait se dire à l'abri d'une surprise ou d'un coup de main de sa part. Il n'y a pas un coin de terre, depuis Yap, à cinq mille lieues d'ici, jusqu'à Helgoland, sur lequel elle ne soit prête à étendre la main.

Tous les États s'épuisent en armements à cause

d'elle ; l'industrie, le commerce, la propriété sont en pleine souffrance ; partout les impôts augmentent, partout on en crée de nouveaux et de lourds, et nulle part les budgets ne s'équilibrent.

C'est que chacun songe d'abord au plus pressé, c'est-à-dire à sa sécurité menacée par la poussée germanique.

Depuis l'ère de la vapeur et des chemins de fer, jamais on n'avait vu, dans une période de paix, une crise universelle aussi prolongée et ayant atteint un tel degré d'acuité.

Voilà ce qu'ont valu à l'Europe et au monde l'hégémonie prussienne, la prépondérance allemande et par-dessus tout le génie sphinxique. et l'ambition insatiable d'un homme..

XVIII

Analyse de l'affaire de Pagny.

Aujourd'hui qu'un calme relatif donne à la réflexion le poids et la valeur nécessaires, peut-on, sans effroi, arrêter sa pensée sur ce coup de bourse et de tonnerre de Pagny, sur ce conflit si froidement et si hypocritement préparé ?

On peut voir, du moins, à quelle épouvantable catastrophe l'humanité vient momentanément d'échapper.

En effet, de quoi a-t-il dépendu que trois millions d'hommes fussent, à cette heure, en train de s'entr'égorger?

Du hasard seul! D'une circonstance fortuite indépendante de la volonté des hommes!

La vie de plusieurs centaines de mille de combattants, la fortune et la destinée des quatre-vingt-cinq millions.d'êtres humains, pour ne parler que des deux peuples, ont dépendu uniquement *du hasard,* nous répétons le mot, qui a voulu que M. Schnœbelé laissât dans son bureau la lettre de ce Rausch.

S'il l'eût égarée, déchirée, ou même portée sur lui, trois cas certainement possibles et dans l'ordre naturel des choses, étant connus d'une part l'intention qui a dicté l'acte d'agression, et de l'autre le caractère et la fausseté de l'agent principal, on ne peut mettre en doute que l'authenticité de cette lettre eût été niée *mordicus* par son auteur, et par conséquent par son gouvernement, et que la lumière eût été ainsi étouffée et détournée de sa vraie direction.

Quelle plateforme eût eu alors la France pour

faire valoir ses droits et démasquer son adversaire ?

La violation du territoire ?

Mais on lui aurait opposé enquête contre enquête ; on aurait fait plus encore, on aurait attri-
bué à M. Schnœbelé, tenu au secret, des déclara-
tions mensongères et prétendues compromettantes
pour la France, projet qui a eu, comme on le sait,
un commencement d'exécution.

Le droit et les usages internationaux ? Le respect et les égards que l'on se doit entre nations
civilisées ?

Mais ! mais l'Allemagne aurait retourné ces
arguments contre la France et l'aurait englobée
avec M. Schnœbelé dans une accusation aussi
humiliante que ridicule, préparée, faite et conduite
de façon à la pousser à bout.

Le Grand Chancelier eût eu ainsi le temps de
tâter le pouls de l'Europe et surtout de voir venir
la Russie, ayant pour lui la position et se tenant
prêt à changer ses arguments ou à modifier son
attitude selon les circonstances.

Il est facile de déduire à la fois la morale et les
conséquences d'une situation aussi compliquée et
aussi tendue.

Devant une réprobation générale, devant une

complication trop manifestement périlleuse pour elle, comme, par exemple, la réalisation effective de l'alliance franco-russe, il eût toujours été possible à l'Allemagne de couvrir sa retraite par une proposition d'arbitrage, et de mettre sur le compte de son esprit de conciliation l'impossibilité dans laquelle elle se serait vue de faire aboutir ses projets.

Mais la France, elle, ne pouvait plus faire un seul pas en arrière. Frappée en pleine face devant le monde entier, se voyant refuser la satisfaction la plus légitime, elle se trouvait acculée entre le déshonneur et l'obligation de déclarer elle-même la guerre... Le déshonneur, car il lui eût fallu avaler une couleuvre tellement grosse et répugnante, que si elle ne fût pas morte de dégoût, elle eût été tuée par le mépris universel, et elle serait restée clouée pour l'éternité au pilori de l'histoire... ou alors la guerre, la guerre infaillible, inévitable, la guerre déclarée par elle, mais cherchée, provoquée, voulue par le Grand Chancelier, avec une part sinon égale, du moins éventuelle de responsabilité devant les autres nations.

Changez seulement, de la place où on l'a trouvée, la lettre de convocation de l'agent provocateur Rausch à M. Schnœbelé, ce qui ne modifierait en rien le fait en lui-même ni les conditions dans lesquelles il a été accompli ; faites disparaître cette preuve brutale, indéniable, du guet-apens caractérisé, et des flots de sang humain allaient aussitôt arroser la terre, la carte de l'Europe allait être changée et, avec elle, la face du monde.

C'était un coup bien hardi qu'a tenté là M. de Bismarck ; c'est un de ces coups à la prussienne que le succès excuse toujours, car il excuse tout, mais qu'on qualifie de brutal et de déloyal, et, ce qui est pire encore en politique, de maladroit, lorsqu'il éclate intempestivement comme une arme grossière entre les mains de celui qui la manœuvre.

Et aujourd'hui que le but est manqué, que le mauvais effet est produit et qu'il faut chercher autre chose, que voit-on ?

Le caractère national et politique allemand reparaître à nouveau... D'un côté, le policier Rausch niant cauteleusement sa participation au guet-apens ; de l'autre, le Grand Chancelier affirmant qu'il n'y a pas eu violation de territoire.

Du policier, nous n'en avons cure ; il se conforme, après comme avant, aux instructions reçues ; il exécute les ordres donnés, et, par ce qu'il a fait, on peut facilement juger ce qu'il est encore capable de faire ; en face d'un personnage aussi vil, on est même en droit de se demander si c'est bien fortuitement, et non pas intentionnellement, qu'avait été renversé le poteau qui lui avait servi de prétexte pour donner un rendez-vous à son collègue français.

Quant à la déclaration du Grand Chancelier, il nous convient de l'accepter, *avec sa signature au bas,* comme une sorte de refuge pour lui, et comme une satisfaction relative accordée à l'opinion publique de l'Europe et au sentiment de la France. Ce n'est qu'un trompe-l'œil, contre lequel nous aurions mauvaise grâce de protester, puisque nous ne voulons pas en exiger de réparation, aussi l'acceptons-nous ; l'exposé de la vérité n'eût été, en réalité, qu'une injure de plus.

La France devra donc toujours avoir présente à la mémoire l'affaire de Pagny, qui doit rester une arme entre ses mains. Le gouvernement impérial d'Allemagne en a tellement bien compris la force, il a tellement la conscience du tort qu'elle lui a déjà fait, que, pour en noyer la mémoire et en atténuer l'importance et les effets, elle s'efforce de donner le change à l'opinion publique de l'Europe, en faisant enregistrer par ordre, et commenter par ses reptiles, des conflits armés, vrais ou prétendus, sur la frontière russe, les représentant comme des cas fréquents et sans importance, mais se gardant bien de dire qu'ils sont tout accidentels et complètement dépourvus du caractère officiel, qui a failli, il y a quelques jours, mettre l'Europe en feu.

XIX

Résumé.

La guerre deviendrait certainement inévitable à une époque peu éloignée, si le Grand Chancelier ne modifiait pas ses agissements et ne mettait pas fin à ses provocations systématiques; mais la paix s'impose pour le moment; elle s'impose, parce que l'Allemagne manque, plus que jamais, d'alliés sûrs, et que, mise à l'index par l'Europe, et tenue en échec par la Russie, elle ne se hasardera pas à entreprendre une guerre franchement agressive, la seule qui soit possible aujourd'hui.

Tant que vivra l'empereur de Russie, la paix reste assurée entre l'Allemagne et la France; mais que demain des fanatiques politiques ou autres réussissent à attenter à sa vie, et huit jours après, l'action et l'initiative gouvernementales de la Russie se trouvant temporairement entravées, la guerre est déchaînée sur l'Europe.

S'il y a crime ou seulement tentative, que chacun se pose la question du juge : *Cui prodest?*

La France fait donc les vœux les plus sincères pour qu'Alexandre III voie une longue suite de jours heureux.

TABLE DES MATIÈRES

		Pages.
I.	Aura-t-on la guerre ?	1
II.	Conflit franco-allemand. Situation politique et militaire des deux pays	2
III.	La Russie.	8
IV.	Trois hypothèses	11
V.	La France	18
VI.	L'énigme	23
VII.	L'Allemagne	25
VIII.	L'Espagne ou l'Italie	27
IX.	La Belgique.	30
X.	*Caveant consules*	34
XI.	Le septennat et son rapport avec le conflit franco-allemand.	35
XII.	Plan du Grand Chancelier.	37
XIII.	Attitude et devoirs de la France.	42
XIV.	Le prince impérial d'Allemage. L'empereur d'Allemagne. Solution pacifique possible.	46
XV.	Les documents officiels du général Le Flô. Projets et tentatives de l'Allemagne en 1875 et en 1877	48
XVI.	L'Angleterre, l'Autriche, la Suisse, le Danemarck, la Hollande, la Suède, la Turquie	53
XVII.	Effets généraux de la politique allemande	54
XVIII.	Analyse de l'affaire de Pagny	55
XIX.	Résumé.	61

Paris. — Soc. d'Imp. PAUL DUPONT, 41, rue J.-J.-Rousseau (Cl.) 75.6.87.